¿Qué es más grande que yo?

Un libro acerca de las medidas

What Is Big Compared to Me?: A Book About Measurements

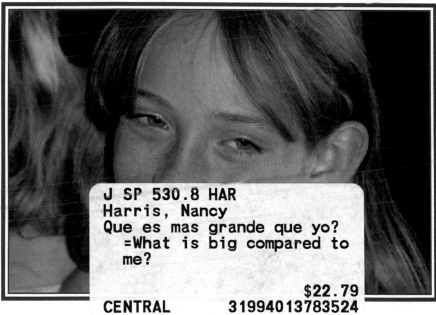

Nancy Harris
traducido por Priscilla Colón

Rourke
Publishing LLC
Vero Beach, Florida 32964

www.rourkepublishing.com

PHOTO CREDITS: All photos © Renee Brady

Editor: Robert Stengard-Olliges

Cover design by Nicola Stratford, bdpublishing.com

Bilingual Editorial Services by Cambridge BrickHouse, Inc.   www.cambridgebh.com

Library of Congress Cataloging-in-Publication Data

Harris, Nancy.
 ¿Qué es más grande que yo?: Un libro acerca de las medidas
 What is big compared to me? : a book about measurements / Nancy Harris.
   p. cm. -- (Math focal points)
 Includes index.
 ISBN 978-1-60044-757-0
 1. Mensuration--Juvenile literature. 2. Size judgement--Juvenile literature. I. Title. II. Series.

Printed in the USA

CG/CG

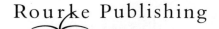

Rourke Publishing

www.rourkepublishing.com – rourke@rourkepublishing.com
Post Office Box 3328, Vero Beach, FL 32964

Contenido
Table of Contents

Grande
Big

Yo soy grande.

I am big.

Alto
Tall

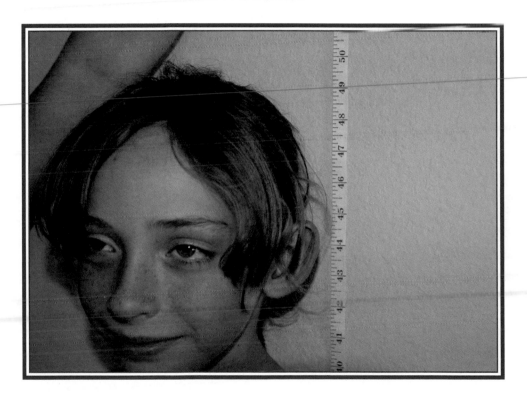

Yo soy alta.
Yo mido 49 **pulgadas** de alto.

I am tall.
I am 49 **inches** tall.

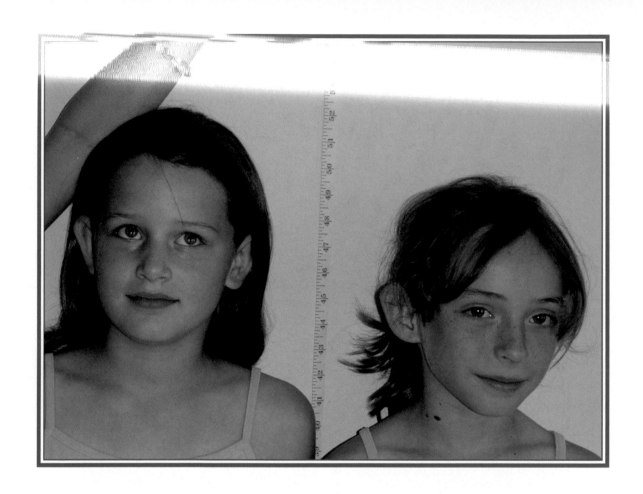

Mi hermana es alta.
Mi hermana mide 52 pulgadas de alto.

My sister is tall.
My sister is 52 inches tall.

Mi hermana es más alta que yo.

My sister is taller than me.

Mi amiga es alta.
Ella mide 55 pulgadas de alto.

My friend is tall.
She is 55 inches tall.

Mi amiga es más alta que yo.

My friend is taller than me.

Largo
Long

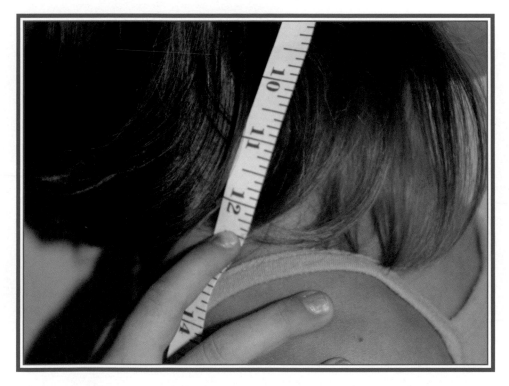

Mi cabello es largo.
Mi cabello mide 12 pulgadas de largo.

My hair is long.
My hair is 12 inches long.

10

El cabello de mi hermana es largo.
Su cabello mide 16 pulgadas de largo.

My sister's hair is long.
Her hair is 16 inches long.

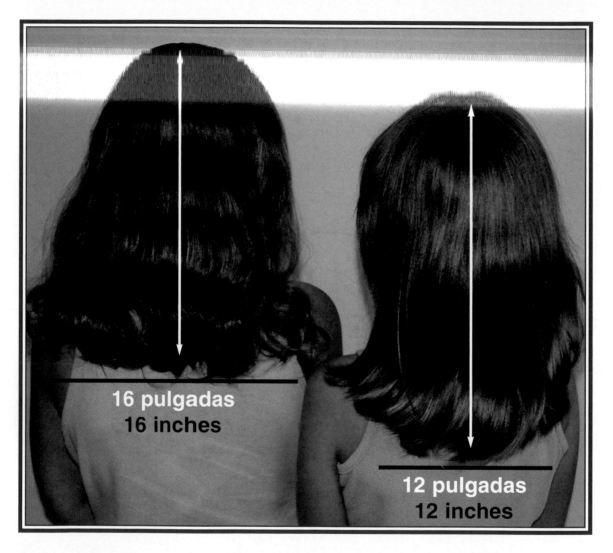

16 pulgadas
16 inches

12 pulgadas
12 inches

Mi cabello es más corto que el cabello de mi hermana.

My hair is shorter than my sister's hair.

12

El cabello de mi amiga es largo.
Su cabello mide 14 pulgadas de largo.

My friend's hair is long.
Her hair is 14 inches long.

13

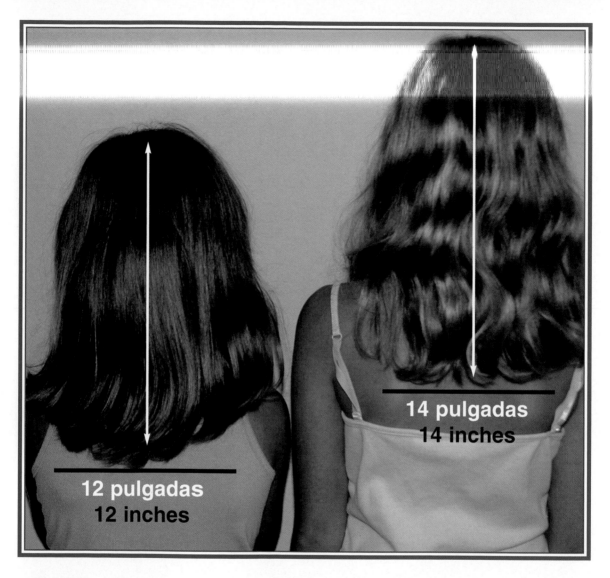

12 pulgadas
12 inches

14 pulgadas
14 inches

¿Quién tiene el cabello más corto?

Whose hair is shorter?

14

Pesado
Heavy

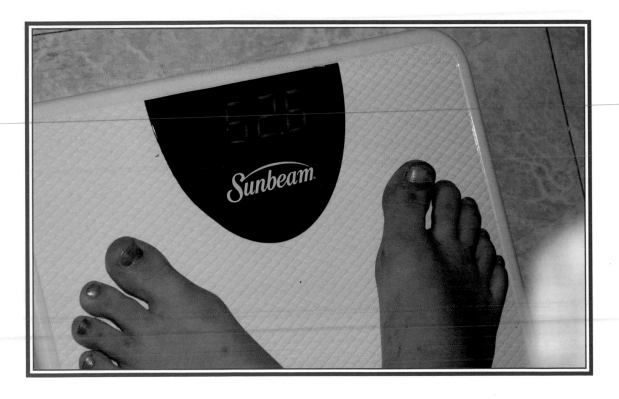

Yo peso 52 **libras**.

I weigh 52 **pounds**.

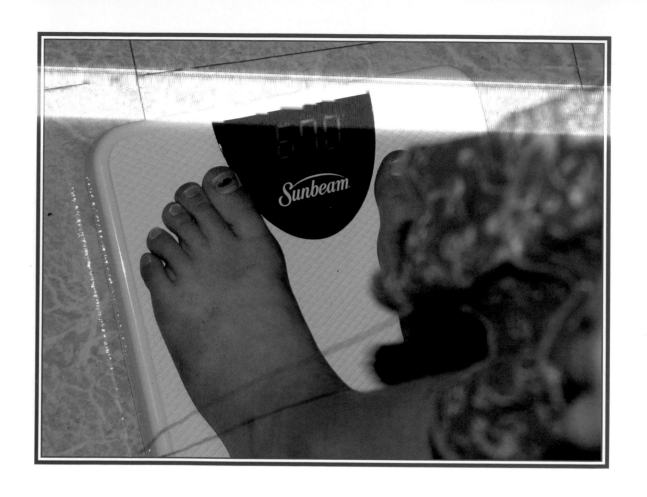

Mi amiga pesa 67 libras.

My friend weighs 67 pounds.

¿Quién pesa más?

Who weighs more?

Ligero
Light

Yo bebo unas 4 **onzas** de leche. Mi amiga bebe 3 onzas de leche.

I drink about 4 **ounces** of milk. My friend drinks 3 ounces of milk.

¿Quién bebe menos leche?

Who drinks less milk?

Yo mido
I Am

Yo mido 49 pulgadas de alto.
Eso es suficientemente alto para mí.

I am 49 inches tall.
That is big enough for me.

Glosario / Glossary

libra — una unidad para medir peso, podemos medir el peso de algo en libras

pound (POUND) — a unit of weight, we can measure how much something weighs in pounds

onza — una unidad para medir peso, podemos medir el peso de algo en onzas

ounce (OUNSS) — a unit of weight, we can measure how much something weighs in ounces

pulgada — una unidad para medir longitud, podemos medir la longitud de algo en pulgadas

inch (INCH) — a unit of measure, we can measure how long something is in inches

Índice / Index

Lecturas adicionales / Further Reading

Kompelien, Tracy. *I Can Measure Length, It Has No Strength!* ABDO Publishing, 2007.
Kompelien, Tracy. *I Can Measure Weight At Any Rate.* ABDO Publishing, 2007.
Levy, Janey. *At Sea on a Viking Ship: Solving Problems of Length and Weight.* Rosen Publishing, 2007.

Sitios Web recomendados / Recommended Websites

www.funbrain.com/measure

Sobre la autora / About the Author

Nancy Harris es asesora de educación, con veinte años de experiencia en el salón de clases. Ella disfruta escribiendo libros de no ficción y enseñando a niños y adultos estrategias de lectura. Actualmente vive en Lafayette, Colorado.

Nancy Harris is an educational consultant with twenty years teaching experience. She enjoys writing nonfiction books and teaching students and educators nonfiction reading strategies. She currently lives in Lafayette, Colorado.